DÉBUT D'UNE SÉRIE DE DOCUMENTS
EN COULEUR

DOCUMENTS HISTORIQUES INÉDITS
SUR LE DAUPHINÉ

ONZIÈME LIVRAISON

ANTIQUITÉS DE L'ÉGLISE DE VIENNE

PAR

CLÉMENT DURAND

(Ms. 5662 du Fonds latin de la Bibliothèque nationale de Paris)

NOTICE BIBLIOGRAPHIQUE ET HISTORIQUE

PAR

Le Chanoine ULYSSE CHEVALIER

Correspondant de l'Institut.

PARIS

LIBRAIRIE ALPHONSE PICARD ET FILS

82, RUE BONAPARTE, 82

1911

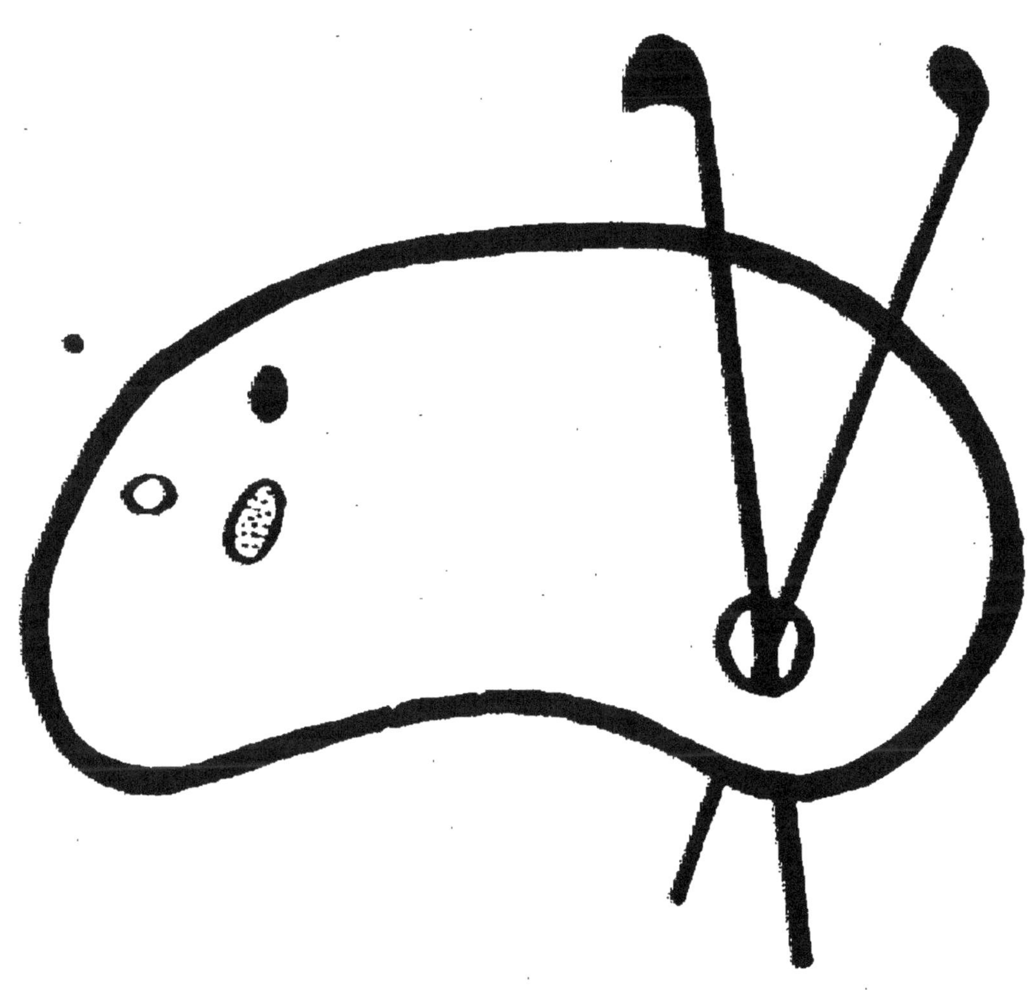

FIN D'UNE SÉRIE DE DOCUMENTS
EN COULEUR

DOCUMENTS HISTORIQUES INÉDITS
SUR LE DAUPHINÉ
ONZIÈME LIVRAISON

ANTIQUITÉS DE L'ÉGLISE DE VIENNE

PAR

CLÉMENT DURAND

(Ms. 5662 du Fonds latin de la Bibliothèque nationale de Paris)

NOTICE BIBLIOGRAPHIQUE ET HISTORIQUE

PAR

Le Chanoine ULYSSE CHEVALIER

Correspondant de l'Institut.

PARIS
LIBRAIRIE ALPHONSE PICARD ET FILS
82, RUE BONAPARTE, 82

1911

Antiquités de l'Eglise de Vienne

PAR

CLÉMENT DURAND

Notice bibliographique et historique

Parmi les sources à mettre à contribution pour le *Régeste Dauphinois*, que je compte livrer prochainement à l'impression, l'une des moins connues était l'histoire de la sainte église de Vienne, par Clément DURAND : ce n'est pas que son appoint soit considérable, comme on va le voir, mais encore fallait-il l'établir exactement, ce qui n'a pas été fait par ceux qui en ont parlé (1).

Ce petit manuscrit (125 × 85 millimètres) conservé à la Bibliothèque nationale de Paris sous le nº 5662 du fonds latin, provient du grand collectionneur de Gaignières, suivant une note au crayon inscrite sur le premier feuillet

(1) COLOMB de BATINES : OLLIVIER Jules, Mélanges biographiques et bibliographiques relatifs à l'histoire littéraire du Dauphiné, Valence, 1837, in-8º, t. I, p. 115-6 : Attribution incertaine de deux auteurs à un seul ouvrage. — Adolphe ROCHAS, Biographie du Dauphiné, Paris, 1856, t. I, p. 351ᵃ. — Alfred DE TERREBASSE, Inscriptions du moyen âge de Vienne, Vienne, 1875, t. I, passim.

*de garde : il semblerait manquer douze pages au début,
car le titre ci-après est coté 13.*

VIENNA (*L'orme des armoiries de Vienne*) SANCTA

ANTIQVITAT

ES. VIENNAE.

SACRAE. ET. SE

NATORIAE

S. M. M.

C. D.

J'ignore ce que signifient les sigles S. M. M., *mais* C. D.
sont sûrement les initiales de Clément Durand. *Ce titre est
entouré des lignes suivantes, postérieures d'un siècle au
moins :* Clemens Durandus, auctor Delphinas, presbiter,
canonicus, theologus antea Viennae, deinde theologus
Redonensis, protonotarius Romanae ecclesiae ; Reginae
Annae Austriacae matris pauperum eleemosinarius et ad-
vocator in curia regia in concilio Regis XIII & XIIII.

*La notice la plus complète que l'on possède sur cet auteur
se trouve à la fin d'une inscription dont* CHARVET *a reproduit le texte :* Depicta hinc inde ecclesiasticæ antiquitatis
martyremata proponit, tuetur et probat luculenter Clemens
Durandus, Viennensis primùm in sacra theologia et utro-
que jure doctor, tum in senatu Parisiensi advocatus,
demùm canonicus regius S. Mauritii, theologus, officialis,
et vicarius generalis diœcesis Redonensis, nec non Reginæ
matris Annæ-Mauritiæ Austriacæ christianissimæ consi-
liarius et ecclesiastes perennis et Sanctæ Sedis apostolicæ

protonotarius professus, anno Domini M.DC.LXVII (1).
*En outre des deux opuscules imprimés que décrit (sans
les avoir vus) ROCHAS dans sa Biographie, Cl. Durand a
publié :* Statuta ecclesiae metropolitae Sancti Mauritii
Viennensis, jussu Clementis PP sexti condita anno salu-
tis 1385. Zelo M. Clementis Durandi e tenebris eruta et
primum typis mandata. *(Parisiis Matth. Colombel, 1636,
in-4° de 24 p.).*

P. 14.   **Effigies Venerii Affricani, civitatis |
Viennæ conditoris | ejusque nominis authoris.**

VENE (*Tête romaine*) RIVS.

De Venerio Epigramma

Antiquos miratur avos Romana propago,
  Qui tanto sumptu constituere domos,
Seu fornicato camerata palatia plumbo,
  Regnorum et latos qui posuere locos.
Alta Vienneæ struxit qui Pergama sedis
  An minus his dignus nomine, laude foret ?
Haud placet, ast illi consurgit gloria major,
  Ponere qui valuit tecta priora Dei.
                Clemens Durand.
                    1614
(Ces deux dernières lignes complètement effacées).

P. 15.   *L'orme de Vienne avec* VIENNA SANCTA
              sur une banderole.

**Poematium de Ulmo | Viennensi in honorem
Petri de Villars | archiepiscopi | Viennensis. (2)**

(1) Histoire de la sainte église de Vienne,   51, *p. 17.*
(2) *Pierre VI de Villars, que son parent l'archevêque Jérôme de
Villars prit comme coadjuteur en 1612* (CHARVET, *p* 594; HAU-
RÉAU, *Gallia christ., t. XVI. c. 129*).

Forte relegatos fugitiva nocte sopores
Prima serenatis aurora fugaverat auris (1)
Et matutino præcursor lucifer astro
Cœperat æthereum Phœbo prætexere callem;
Captat, et appositis volat effusissima campis,
Tunc canit excusso volucrum lætissima somno
Turba, vel offensos lugens demulcet amores,
Tum dec[lin]atis sopor instillatus ocellis
Fuderat expansum per amœna cubilia corpus.
Tum mihi diversis nova deversare figuris
Somnia, tum dubias Morpheus mihi fingere formas
Cœpit et incertas oculis appingere sortes.

Ast ubi diversos variavit mente colores,
Ecce repentinis cœlum tenebrescere fumis
Visitur, et tristis niger evanescere nimbus
Victa luce dies, raucique sonare tumultus
Et disturbatis inamœna tonitrua ventis ;
Tum gravis et rigido volat inclementia Euro
Et colluctatis diro conamine claustris
Ventus arenosos furit expatiatus in agros;
Moxque repercussos insano flamine ventos,
Mox compellatos salvo luctamine montes
Tentat in abrruptas lassus sævire triremes.
Non talis profugæ rapit armamenta Carinæ
Æolus. Italicos prohibet contingere portus,
Invida dum magnis nimium Saturnia fatis
Gaudet inundato Phrygas exercere profundo.

Exanimes ecquid prostratis messibus agros,
Ecquid et abrreptis dicam viridaria sertis ?
Nec sibi cedentes tantum desævit in agros,
Quin potius fractis fugit intractatus habenis,
Si qua retardatos remoratur silva furores.

(1) Rapé : Astris.

Tum virides moto tremuere cacumine saltus
Silvaque frondosis caput attremefacta capillis
Sustulit impulsos primi conaminis ictus,
Sed magis incensas furor increbrescere vires
Et nova confusis dedit incrementa procellis.

Tum furit et tantis non infirmata repulsis
Tempestas tremulos audaci flamine saltus
Diripit, et trepidis Dryades fugere catervis;
Cornipedesque volant satyri, faunique citato
Arripuere fugam per lustra recondita pastu.

Vique repercussas tantis rumoribus aures
Sentiit, obscura lupus emigrare caverna
Tentat, at oppositis videt irreserabile silvis
Limen et obcessu languet vallatus in antro.
Exanimes cessere feræ, pastuque trementi
Indica turrigero secedit bellua dorso.
Forsitan et tantis cadit eversata ruinis,
Inter et arboreas cum rhinocerote ruinas
Tigride cum Getica, Lybici periere leones,
Nec prodest lenibus fuga pernicissima cervis
Nec volucri celeres plumoso remige cursus.

Perge remolitos insano flamine saltus :
Aspera silvifragi procul inpatientia venti
Diripit arborum nemus, impenetratus acutis
Solibus audaci lucus reseratur ab austro
Et Dryades fusis circumvallaverat umbris
Quercus, et antiqua sede deturbata procellis
Exhausta radice jacet, nec fulminis author
Profuit, aut sævos valuit divertere casus.

Nec Capitolinis laurus famosa triumphis
Ventosum Phœbo fugit assertore rigorem.
Pinus et effuso cadit abjectissima trunco,

Quæ modo sydereas libarat acumine nubes,
Apta peregrinas Nereo traducere merces
Et colluctatis abies obsistere lymphis.
Fagus, et armatis accommoda fraxinus hastis
Palladiæque nuces et conscia semper opimos
Autumnos avidis prius indulgere colonis,
Palmaque dejectis caput irrelevata capillis
Excidit, Ellæas non ditatura coronas.
Et quæcumque vagum super erexere cacumen
Tandem ventosis arbusta subacta procellis
Lucus, et infanda nemus occubuere ruina.
Cum mihi per medios vox exaudita tumultus
Clandestina petit trepide penetralia montis.

Parcite terrificos silvis imnittere flatus,
Ventosa tristes vastare tyrannide silvas ,
Parcite nec positis venti discedite metis,
Neve Viennæam sævis impulsibus Ulmum
Aut ramos virides diris agitate procellis.

Vox subitis ierat verbis Ulmusque superstes
Unica cognatis stetit indejecta ruinis
Illa. Viennæis quæ florida vernat in arvis;
Cepit et appositis ferus obmutescere vinclis,
Impetus Æolii subiturus claustra tyranni,
Tunc ubi discussis oculus lucescere somnis
Incipit, ignaros dubia fuligine sensus
Futilis ambiguo rapit inconstantia vento,
Dum cupio cæcos fati depre(he)ndere cursus
Unde Viennæam sævis conatibus Ulmum,
Nec tumidus vernos Nothus attentarit honores.
Tum mihi firmata constans sententia mole
Fixit inerrantes certo sub limite sensus.
Namque per empyreas Petrus Vilarius arces,
Non pro sollicita minus anxius astitit Ulmo,
Quam patrio toties vivens servarat amore.

Namque procellosum toties vitare furorem
Cogit, et extensis inopem desistere ramis.
(Deux mots effacés et illisibles).
Clemens Durand,
canonicus ecclesiæ
Viennensis
1624 *(cette date était primi-*
vement 1614, comme plus haut et plus loin).

P. 21. CATALOGUS EORUM quæ in hoc libello continentur :
Poema de arbore Viennensi.

Origo urbis Viennæ cum antiquis pluribus inscriptionibus

Plurimorum archiepiscoporum Viennensium elenchus
cum diversis quorumdam epitaphiis.

Aliqua epitaphia regum, abbatum et magnorum virorum.

Prescripta plura summorum pontificum, imperatorum,
regum ac principum ad archiepiscopos Viennenses, vel pro
Viennensi ecclesia.

. . . .

Et plura alia scitu dignissima, quæ longum esset
recensere.

P. 23.   DE VRBIS VIENNÆ

SANCTAE ANTI-

QVITATE

*Suivent huit lignes qui ont été surchargées de façon à en
rendre la lecture impossible. J'ai pu cependant y lire,
grâce à un agrandissement photographique : Collectiones
. . . . . Joannis a Bosco . . . . . cœlestini Lugdunensis . . . .
ac aliis pluribus a Clemente Durando, clerico Viennensi
ampliata et correcta . . . . Ces mots vont nous mettre
sur la voie du contenu du manuscrit. Le texte commence
par ceux-ci : Urbem Viennam inter ceteras orbis civi-*

tates . . . . . . *C'est le début du livre bien connu du célestin Jean du Bois (a Bosco)* : Veteris Floriacensis bibliothecæ regiæ lævum xyston, *dédié à Pierre V de Villars, l'ancien, et comprenant :* Antiquæ, sanctæ ac senatoriæ Viennæ Allobrogum Gallicorum, sacræ et prophanæ plurimæ antiquitates : nec non primatum ejus et archiepiscoporum elenchus historicus (1). *La reproduction textuelle se poursuit sans lacunes ni additions* (2) *jusqu'à la mention du privilège accordé par Alexandre III à Adon, abbé de Saint-Pierre, daté par erreur* CIƆCCCXXIIII *au lieu de* 1170 (*Bosco*

(1) *Lugduni, 1605, in-8° de 1 f.-108 p.,-7 f.* — L. AUVRAY *a publié dans le* Bulletin de la Société archéologique et historique de l'Orléanais, *1899, t. XII, p. 251-3, une lettre de Jean Dubois au chancelier Pomponne de Bellièvre, en date du 24 juillet 1605, lui demandant de hâter les formalités relatives à l'approbation de sa* Bibliotheca Floriacensis, *afin de pouvoir l'envoyer en temps utile à la foire de Francfort et la faire voir aux Allemands. Dans sa dédicace, il témoigne des secours qu'il a reçus de Jean Le Lièvre* (Lepus), *dont l'Histoire de l'antiquité et saincteté de la cité de Vienne en la Gaule celtique ne parut à Vienne qu'en 1623. On peut dès lors se demander lequel des deux a exhumé les pièces fausses concernant la primauté de Vienne ; il n'y a pas lieu de les accuser de les avoir fabriquées. A l'encontre de Marca et de Launoy* (Varia de duobus Dionysiis opusc., p. 53). *Charvet affirme que Jean Dubois les avoit tirées des archives de l'archevêché et de l'église de Vienne, où l'on en trouve plusieurs copies en parchemin dont l'air d'antiquité auroit fixé l'attention de ces sçavans et mérité leur approbation (p. 523). Le chanoine Alex.* GROSPELLIER, *à l'aide d'une critique pénétrante, a fixé l'époque de leur invention* (Bulletin d'histoire et d'archéologie du diocèse de Valence, *1900, t. XX). Les éditeurs des* Monumenta Germaniae historica *leur ont fait un honneur immérité en en reproduisant tous les textes dans un des fascicules des* Epistolae Merowingicae et Karolinae, t. I.

(2) *L'auteur des Mélanges n'avait sûrement pas soumis le manuscrit à un examen attentif quand il a écrit :* « ..... l'Index mis en tête de l'ouvrage est, à quelques légères variantes près, le même que celui de l'œuvre de Du Boys ; le corps du récit embrasse les mêmes divisions et la même période ; la rédaction littéraire est conforme ..... »

p. 107, Durand p. 238). Pour démontrer à l'évidence que Durand a copié littéralement son devancier, il suffira de relever en deux pages consécutives plusieurs anomalies : p. 137 il écrit post Sebonem, comme du Bois, p. 61, alors qu'il a transcrit deux fois régulièrement le nom de Sobon dans les pages précédentes ; p. 138, il écrit Rodulfo rege xx : il manquait à du Bois le mot anno, ajouté depuis. A la ligne suivante il met : De hoc Rodulpho rege videtur meminisse Baronius meminit et Trin. 2 ad anno 1027 Claudius de Rubeis, ce qui n'a aucun sens ; il fallait corriger : Baronius tom. 2 ad ann. 1027, meminit et C. de R. On tiendra, sans doute, la démonstration pour suffisante.

Suit dans Durand (p. 238) une série d'inscriptions sans ordre chronologique, commençant par un nouveau texte de celle de Guillaume abbé de St-Pierre, du 9 juillet 1224, mais datée de 1223. L'obit le plus récent est celui de l'archevêque Pierre de Villars, décédé le 14 juillet 1613 (1) p. 243.

Suivent des obits dont je crois devoir reproduire le texte, car ils semblent provenir d'un Obituaire perdu de la cathédrale de Saint-Maurice.

Obiit Sobo archiepiscopus Viennensis, qui composuit signum magnum ecclesiæ suæ, et in communia fratrum dedit villas secus Rodanum, in parrochia Sancti Albani, quæ dicuntur Poncinus et Fuisinus, cum servis et ancillis et suis appendiciis ; et ad ecclesiam Sanctæ Mariæ et Sancti Michaelis, quæ est juxta majorem domum, dedit terras et vineas in Quadratis et subtus Albam Ripam, ad Motam et ultra Rodanum et in Jarciano.

(1) Son épitaphe fixe son décès au 18 août (15 cal. septemb., CHARVET, p. 641 ; HAURÉAU, Gallia christ., t. XVI, c. 128). M. H. DE TERREBASSE dit qu'il rendit son âme à Dieu le 18 juillet (Mémoires de l'Académie des sciences, belles-lettres et arts de Lyon, 1895, 3e sér,. t. V, p. 199).

Obiit Barnoinus archiepiscopus, qui dedit Sancto Mauritio sacerdotale vestimentum totum aureum, insuper et annulum aureum magnum, et septem lampadas argenteas, et restauravit xenodochium pauperum, et multa alia bona fecit. Vicarius enim erat domini papæ per totam Galliam.

Obiit dominus Agilmarus archiepiscopus, qui dedit vineam sitam in Tipino (?) ecclesiæ Viennensi. 2 cal. julii.

Obiit Leodegarius archiepiscopus Viennensis, qui sua industria ecclesiam majorem a fundamentis construxit, cum parrochianorum suorum adjutorio, cujus præsbiterium lapidibus pretiosissimis adornavit; dedit etiam huic ecclesiæ libros plurimos, videlicet Passionarium, Confessiones s. Augustini, librum Officiorum s. Ambrosii et Burchardi Canones, Dialogum s. Gregorii cum Pastorali cura, ac sancti Adonis Ordinem. Item alios ii. Ordines, Textum i, Missale i, quod mandavit fieri quotidianum, Antiphonarium i ab eo correctum, Vitam beati Gregorii cum aliis quam plurimis. Dedit etiam librum i. ex diversis rebus compositum, cui nomen Tornafollum ; dedit Gesta pontificalia, Benedictionale i. cum (auro) ; dedit cappas quatuor, ex quibus rubicundæ duæ, aliæ vero duæ albæ sunt, multaque alia bona ecclesiæ S. Mauritii contulit quæ longum esset recensere. — Dedit vero ipse (quod notatu dignissimum est) tertiam partem hujus urbis monetæ, atque cleotrodium eburneum i. bene incitum et aquam manile argenteum (1).

Notum vero sit cunctis quod Viennensis ecclesia, mortuo Rostagno præposito, de beneficiis quæ ab ecclesia possidebat, concessit Guidoni archiepiscopo villam de Pac, exceptis tribus canoniis quas Guido cantor ab ecclesia tenebat ; dedit ei obedientiam de Repentinis, excepta

<hr>

(1) *Ce texte est en grande partie reproduit par Le Lièvre (p. 302) comme tiré du Martyrologe de Vienne ; cet auteur cite également les obits de Barnoin et de Boson (pp. 213 et 334).*

ecclesia cum decimis et oblationibus suis, et exceptis illis quæ communia fratrum, usque in hodiernam diem habet et possidet ; dedit et illi im placito villici de Commensico centum solidos tantum. Villicus vero cum omnibus quæ possidet, ecclesiæ et cui ecclesia concesserit, libere remanet : propter hoc promisit archiepiscopus, si villicus vel alius missis obedientiis contra ecclesiam aliquid contra obedientiarum vellet facere, fideliter se juvaturum.

Obiit Gerardus levita. Iste composuit gradus et pavimentum ante domum majorem seu ecclesiam matrem.

Obiit Albertus laicus, qui de suo proprio fabricavit caput domus majoris quando restaurata est, et in obitu suo dedit Sancto Mauritio centum libras argenti, et pallia quatuor et Missale auro scriptum et auro pictum mirifice et valde bonum.

Obiit Berta comitissa 6. id novemb. Quorum interventione restitutæ sunt villæ Sancti Mauritii, Tollianus, Vimitianus et Perhemnis, quæ ideo nomine dicitur Pairanus, cum ecclesiis videlicet : Sancti Martini in eadem villa et alteram Sancti Martini in villa Gessiano, cum terris et servis et ancillis in eadem villa, et in Artemonaico, et in ecclesia S. Petri in supradicta villa Geniciaco, et alia S. Desiderii in Triorno, et alia S. Michaelis in Erliatis, et alia S. Marcelli in valle Limonna, cum appendiciis suis ; de quibus debet dominus archiepiscopus plenam et optimam charitatem facere fratribus.

Obiit Almaricus comes, id. marcii, qui dedit nobis villam nomine Medone, cum servis et ancillis et suis appendiciis, quæ est in episcopatu Lugdunensi, pro quo debent fratres charitatem facere eo die.

Obiit Borno miles, x. cal. maii, qui dedit quinquaginta libras argenti ad restaurationem dextri parietis domus majoris.

Obiit Guigo comes, x. calend. maii, qui dedit Sancto Mauritio meliora candelabra, et ad restaurationem loculi capitis sancti Mauritii, tres libras auri et calicem minorem aureum, et duo pallia, et duas cortinas et cornu eburneum et ampullam christallinam, magnam et pulchram.

Obiit Armannus præsbiter, vi. nonas martii, qui dedit duo candelabra argentea, tredecim libras valentia.

Obiit Boso rex, qui præter coronam auream qua texit caput s. Mauritii, ei etiam abbatiam Sancti Andreæ Subterioris monasterii cum appendiciis suis reddidit, et ad servitium altaris majoris domus dedit septem cruces aureas et viginti (p)hilateria aurea cum reliquiis, et planetas itidem et casulas duodecim, pallia undecim, et vestimenta sua aurea regalia et boclares argenteos. Et Ludovicus imperator filius ejus dedit nobis villam ad Crotas et est in confinio Viennensi secus fluviolum Elsonem.

Atque hic Antiquitatum Viennensium sit coronis.

Cetera conquirat studium gnavique labores.
Clemens Durand, clericus ecclesiæ Viennensis.
Deo optimo maximo, 1614.

P. 276.   **Abbates.**

P. 277.   **Deo honor et gloria, et B. Virgini Mariæ reliquisque cœlestibus. 1614.**

P. 278.   **Catalogus episcoporum Viennensium, a Crescente episcopo. *Finit avec le 106*, Hyeronimus de Vilars, *mais avec de nombreuses corrections.***

P. 280.   **Perfecta fuit hæc exquisita antiquitatum Viennensium quamvis exigua collectio anno a Christo nato 1614, mense septembri.**

Soli Deo honor et gloria.

L'écriture primitive portait, si je ne me trompe, le millésime 1605, au lieu de 1614, et voici la raison de cette conjecture : la dédicace de Jean du Bois à l'archevêque Pierre de Villars l'ancien, archevêque de Vienne, est datée : Lugd. Kalend. Septemb. 1605. Or, on a vu que dans sa rédaction primitive Cl. Durand ne dissimulait pas que sa collection des antiquités de Vienne était prise dans J. du Bois.

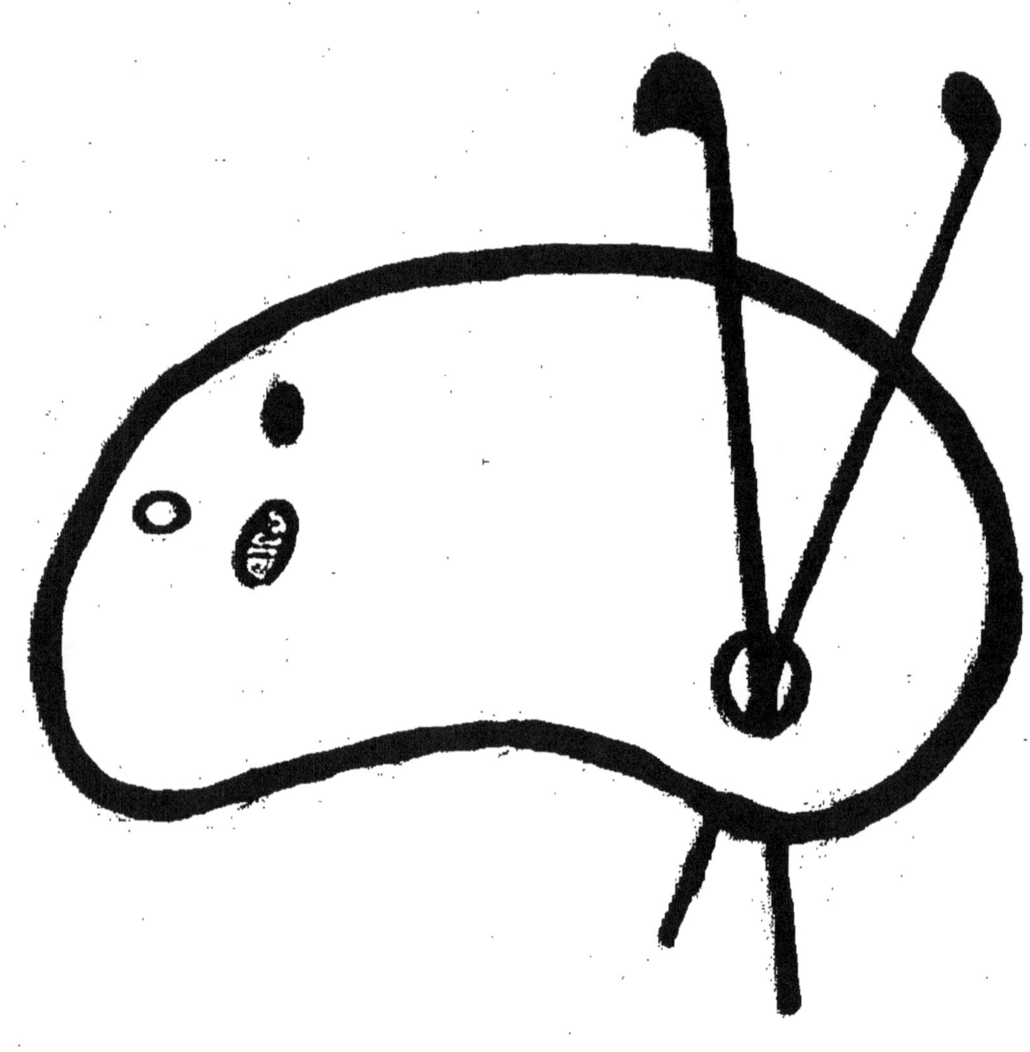

ORIGINAL EN COULEUR
BnF Z 43-129-1